Inhalt

Naturtextilien boomen - Immer mehr Unternehmen punkten mit Öko-Kleidung

Kernthesen

Beitrag

Fallbeispiele

Zahlen und Fakten

Weiterführende Literatur

Impressum

GENIOS BranchenWissen Nr. 08/2007 vom 07.08.2007

Naturtextilien boomen - Immer mehr Unternehmen punkten mit Öko-Kleidung

Autor GENIOS BranchenWissen: K.Zirkel

Kernthesen

- Weltweit haben die Umsätze mit Kleidung aus Bio-Baumwolle im Einzelhandel von 245 Millionen Dollar im Jahr 2001 auf 583 Millionen Dollar zugelegt, das entspricht einer jährlichen Steigerungsrate von 35 Prozent.
- Der weltweite Vorrat an organischer Baumwolle macht zwar derzeit nur 0,1 Prozent des gesamten Baumwollanbaus aus. Dabei stieg der Anbau von Bio-Baumwolle in den vergangenen sieben

Jahren um 392 Prozent auf 25 394 Tonnen.
- Die Vielfalt an Öko-Labels verwirrt viele Verbraucher. Der Global Organic Textile Standard soll die zurzeit auf dem internationalen Markt existierenden Naturtextil-Standards vereinheitlichen.

Beitrag

Die Zeiten, in denen Öko-Mode aus kratzigen Wollpullovern und sackartigen Leinenkleidern bestand, sind vorbei. Ökologisch korrekte Kleidung boomt und ist Ausdruck eines verantwortungsvollen, bewussten Lebensstils. Immer mehr Hersteller bringen Öko-Linien auf den Markt, die neben hervorragenden Gewinnen auch Pluspunkte fürs Image abwerfen.

Der Trend zur grünen Bekleidung spiegelt ein Umdenken in der Gesellschaft wider, das von sozialer und globaler Verantwortung und einem Wohlfühl-Gefühl geprägt ist. Angeheizt wird der Trend durch politisch-wirtschaftliche Themen wie Treibhaus-Effekt, Klimawandel und Energie-Verknappung. Viele Menschen sehnen sich nach dem guten Gefühl beim Kaufen. Öko ist längst nicht nur gesund und politisch korrekt, sondern vor allem Ausdruck eines neuen Lebensgefühls. Eine Studie des Hamburger

Trendbüros hat gezeigt, dass nicht etwa der Umweltschutz Beweggrund für den Kauf von unbehandelter Mode ist, sondern vielmehr das Streben nach einem individuellen, angenehmen und exklusiven Lebensstil. In Amerika werden die Käufer von Öko-Mode längst mit einem eigenen Begriff bedacht: Lohas (Lifestyle of Health and Sustainability) - Menschen, die eine gesunde und zugleich nachhaltige Lebensweise pflegen. (1), (2), (3), (4)

Auch die Studie Konsum-Ethik 2007, die der Otto-Versand beim Hamburger Trendbüro in Auftrag gegeben hat, registriert einen großen Öko-Boom in der Mode. Menschen jeglicher Altersstufen zeigen immer größeres Interesse an Fragen der Konsum-Ethik. Wirtschaftlich interessant für die Modehersteller sind vor allem zwei Zielgruppen. Für die so genannten Netzwerkkinder zwischen 16 und 25 Jahren gehören Begriffe wie Mode, Marke und Moral fest zusammen; wichtig sind für sie Werte wie Vertrauen und Transparenz, Menschlichkeit und Natürlichkeit. Für die Generation X steht dagegen die sinnliche Erfahrbarkeit der Produkte an erster Stelle. Kleidung soll sich angenehm anfühlen, von guter Qualität sein und auf diese Weise zum persönlichen Wohlbefinden des Trägers beitragen. (1), (2)

Die Bekleidungshersteller setzen vor allem auf

Baumwolle aus biologisch kontrolliertem Anbau. Das heißt, dass die Landwirte anstelle von Pestiziden biologische Schädlingsbekämpfungsmittel benutzen und auf die Verwendung von gentechnisch veränderten Pflanzen verzichten. Geerntet wird von Hand, ohne Einsatz von Entlaubungsmitteln. Zwar würde derzeit mit 0,1 Prozent der weltweite Vorrat an organischer Baumwolle noch in ein mittelgroßes Frachtschiff passen. Doch das Angebot an Bio-Baumwolle steigt kontinuierlich. Nach Angaben der amerikanischen Organisation Organic Exchange, die sich für eine Ausweitung der biologischen Landwirtschaft einsetzt, stieg der weltweite Anbau von Bio-Baumwolle vom Erntejahr 2000/01 bis 2004/05 um 392 Prozent auf 25 394 Tonnen. Der Großteil der Bio-Baumwolle stammt aus der Türkei (40 Prozent), ein Viertel aus Indien, 7,7 Prozent aus den USA und 7,3 Prozent aus China. 79 Prozent der biologischen Baumwolle werden in diesen vier Ländern geerntet. Experten schätzen, dass die Abnahmemengen der Hersteller von Bio-Baumwolle von 4 400 Tonnen im Jahr 2006 auf 100 000 Tonnen im Jahr 2008 steigen wird. (1), [Abb.1]

Die Vielfalt an Labels verwirrt

Immer mehr europäische Bekleidungshersteller

springen auf den Bio-Mode-Zug auf - schon allein, um sich Wettbewerbsvorteile gegenüber den asiatischen Billiglohn-Ländern zu sichern. Jeder vierte Verbraucher ist einer Umfrage zufolge bereit, für Öko-Mode mehr Geld auszugeben. So haben die weltweiten Umsätze mit Produkten aus biologischer Baumwolle im Einzelhandel von 245 Millionen Dollar im Jahr 2001 auf 583 Millionen Dollar zugelegt, das entspricht einer jährlichen Steigerungsrate von 35 Prozent. Der Großteil der Verbraucher gibt jedoch an, beim Kauf von Kleidung meist gar nicht zu wissen, dass es sich um ökologisch/ethisch korrekte Kleidung handelt, weil die Hersteller oftmals nicht darauf hinweisen. Die schier unüberschaubare Vielzahl an Qualitätszeichen und Labels ist dabei wenig hilfreich. Dabei wäre jeder Zweite bereit, beim Kleidungskauf mehr Verantwortung zu übernehmen, in dem er sich für Öko-Kleidung entscheidet. Knapp jeder Zweite zwischen 50 und 64 Jahren achtet beim Kauf von Kleidung besonders auf natürliche Materialien. (1), (8), [Abb.2]

Allein in Deutschland gibt es ca. 20 verschiedene Umwelt- und Qualitätszeichen, die von unterschiedlichen Stellen vergeben werden und verschiedenen Kriterien unterworfen sind. Eine einheitliche Auszeichnung von Textilprodukten nach übergeordneten Standards fehlt bislang. Der Global Organic Textile Standard soll die zurzeit auf dem internationalen Markt existierenden Naturtextil-Standards vereinheitlichen, ein entsprechendes Markenzeichen wird derzeit entwickelt. Die Richtlinien des Labels stellen sicher, dass eine ökologisch sinnvolle und sozialverträgliche Produktion von Textilien gewährleistet ist. Die Kriterien reichen vom Anbau und der Ernte der Rohstoffe über die Herstellung, Verarbeitung, Verpackung und Distribution der Endprodukte. Noch in diesem Jahr sollen die ersten nach dem Global Organic Textile Standard geprüften Textilien im Handel erhältlich sein. (7)

Die meist verbreiteten textilen Umwelt- und Qualitätslabel:

Naturtextil des IVN

: Das Qualitätszeichen kennzeichnet Textilien aus reinen, unbehandelten Naturfasern, die aus zertifiziertem ökologischen Anbau bzw. biologischer Tierhaltung stammen müssen. Es unterliegt derzeit den strengsten ökologischen und sozialen Kriterien.

Öko-Tex Standard 100

: Weltweit anerkanntes Prüf- und

Zertifizierungssystem. Das Label Textiles Vertrauen wird für Textilprodukte vergeben, die hinsichtlich möglicher Schadstoffbelastungen gesundheitlich unbedenklich sind. Der Öko-Tex-Standard 1 000 ergänzt den Standard 100 um ökologische und soziale Komponenten bei der Herstellung.

Euroblume

: Das Europäische Umweltzeichen wird für verschiedene Produktkategorien vergeben. Es dürfen nur wenige umwelt- und gesundheitsschädliche Substanzen eingesetzt werden, sowohl im Produkt als auch in der Fertigung.

Hauptsache körperverträglich - medizinisch getestet

: Dieses Label bescheinigt die Körperverträglichkeit von Textilien, geprüft wird nach den Zulassungsanforderungen für Medizinprodukte. Viele Modeunternehmen fürchten jedoch, nach wie vor mit dem Angebot von Öko-Mode in der uncoolen Ecke der Wollsocken- Protestler zu landen. Die Produkte sollen vielmehr durch ihr Styling überzeugen und nicht durch ökologisch korrekten Hintergrund. Umfragen haben gezeigt, dass die Optik sowie das

Preis-/Leistungsverhältnis bei den Verbrauchern deutlich vor den Argumenten Umweltschutz und Einhaltung sozialer Standards kommt - selbst wenn mancher darüber nachdenken sollte, dass er beim Kauf eines 9,90 Euro preiswerten Öko-T-Shirts bei Hennes & Mauritz ganz nebenbei die Gesundheit der Bauern, die Böden, das Grundwasser und die Tiere schont. Wegen einer tadellosen Umweltbilanz allein, so die Hersteller, wird in Deutschland noch lange kein modisches Kleidungsstück gekauft.

In England ist ökologisch korrekte Kleidung dagegen längst ein Verkaufserfolg: Marken wie Gap oder Marks & Spencer verbesserten mit dem Verkauf von Öko-Mode nicht nur ihr Image, sondern legten auch umsatztechnisch zu. Hierzulande halten sich die Hersteller dagegen mit der offensiven Präsentation von Öko-Mode bislang noch zurück, verzichten beispielsweise auf eigene Öko-Ecken oder aggressive Werbung und setzen auf dezentes Labelling. (5), (1), (8), (9)

Fallbeispiele

Modeunternehmen, die ökologische Kleidung anbieten

Vorreiter in Sachen Öko-Kleidung ist der Versandhändler **Otto**, der schon seit 1990 schadstoffgeprüfte Textilien anbietet. Das Unternehmen hat sich eine Nachhaltigkeitsverpflichtung auferlegt, die sich in der Kennzeichnung Hautfreundlich, weil schadstoffgeprüft niederschlägt. (6)

Ob Levis, Mavi oder Wrangler - fast alle Jeans-Marken haben in letzter Zeit kleine Organic- Denim-Linien herausgebracht. Die Eco-Jeans der Jeans-Marke **Levis** ist aus 100 Prozent organischer Baumwolle gefertigt, mit natürlichem Indigo eingefärbt und mit einem Knopf aus Kokosschale versehen. Die Schnürsenkel der Turnschuh-Linie Soaker des Sportartikelherstellers **Nike** sind aus recyceltem Plastik, zudem wurde auf Klebematerial verzichtet. (3)

Der schwedische Modefilialist **Hennes & Mauritz** hat eine Bio-Baumwoll-Kollektion für Damen, Jugendliche, Kinder und Babys angeboten, die innerhalb von wenigen Wochen ausverkauft war. Erhältlich waren unter anderem Jeans, Leggins, Kleider, Blusen, Tuniken und Jersey-Tops. Die Öko-

Linie mit einem Anteil von nahezu 100 Prozent Bio-Baumwolle hat keinen eigenen Namen, die Kleidungsstücke wurden jedoch mit einem Anhänger gekennzeichnet. Bereits im vergangenen Sommer hatte der Modekonzern eine Serie mit Baby-Strampelhosen aus Bio-Baumwolle auf den Markt gebracht. Mitte der neunziger Jahre brachte die Bekleidungskette ihre Kollektionen Nature Calling und Eco Cotton aus ungefärbter Baumwolle heraus, die jedoch nach fünf Jahren wegen geringen Feedbacks eingestellt wurde. (3)

Das dänische Label **Noir** verwendet ausschließlich ökologische Baumwolle, die Vertragsbauern in Uganda anbauen. Das Unternehmen bezahlt faire Preise, ein Teil des Gewinns fließt in die medizinische Versorgung und die Ausbildung der Landwirte. Die Kollektionen werden auf der London Fashion Week präsentiert und bewegen sich im Luxussegment. (5)

Der Versandhändler **Hess Natur** aus dem hessischen Butzbach bietet ökologisch produzierte Naturtextilien an - von der Konfektion über Wäsche und Strümpfe bis hin zu Haus- und Heimtextilien sowie Accessoires und Schuhe. Der Modehändler versucht derzeit die Marke sanft umzukrempeln, Umweltkleidung modischer zu machen ohne dabei seine ökologische Linie aufzugeben. Denn als Modelabel wird Hess Natur derzeit noch nicht wahrgenommen. Dabei sollen klassische Kunden nicht verschreckt werden, so dass neben der schicken Blusen im Grafik-Design nach wie vor weit geschnittene Leinenkleider und bequeme Sandalen erhältlich sind. Die neue Kollektion Modern Woman soll jene jungen Mütter ansprechen, die schon jetzt ihren Babys hautfreundliche Öko-Strampelanzug anziehen, aber mit der bisherigen Damenlinie nichts anfangen konnten. Im vergangenen Jahr machte der Versandhändler 61,5 Millionen Euro Nettoumsatz. (4)

Zahlen & Fakten

Abnahmemengen von Bio-Baumwolle

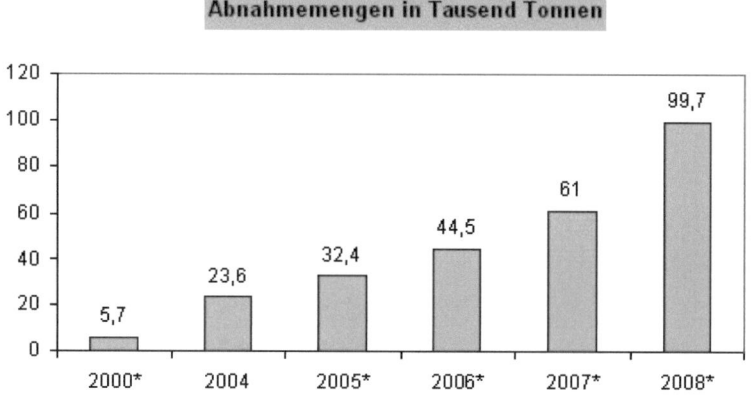

*geschätzt

GBI-Genios Grafik

Quelle: Organic Exchange

Entnommen aus: TextilWirtschaft, Nr. 33, 17.08.2006

Kriterien beim Kleidungskauf 2007

Kriterium	Zustimmung 2007 *	
	Jugendliche	Arrivierte
	in Prozent	
Gute Passform	57	77
Design	56	43
Gute Verarbeitung	27	62
Modisch	26	6
Natürliche Materialien	**18**	**45**
Hochwertiges Material	14	27

GBI-Genios Grafik

* Fragestellung: Achte beim Kauf von Kleidung besonders auf...
Basis: Jugendliche: 14-17 Jahre, 3,46 Millionen. Arrivierte:
50-64 Jahre, Haushaltsnettoeinkommen über 3.000 Euro, 3,67 Millionen.

Quelle: Outfit 2007, Spiegel Verlag

Entnommen aus: werben & verkaufen, Heft Nr. 17/2007

Weiterführende Literatur

(1) New Ecology
aus TextilWirtschaft 13 vom 29.03.2007 Seite 056

(2) Öko? Logisch! Umweltprodukte sind nicht nur gesund, sie sehen auch richtig gut aus - Längst sind sie Ausdruck eines neuen Lebensstils
aus DIE WELT, 16.02.2007, Nr. 40, S. 35

(3) Ganz schön in Mode, die Natur
aus Süddeutsche Zeitung, 02.06.2007, Ausgabe Deutschland, Bayern, München, S. ROM7

(4) Brad Pitt trägt Öko-Jeans
aus netzeitung.de vom 14.06.2007

(5) Schwarz-grüne Avantgarde
aus Süddeutsche Zeitung, 24.03.2007, Ausgabe Deutschland, Bayern, München, S. 20

(6) Mode mit Moral
aus Frankfurter Allgemeine Sonntagszeitung, 07.01.2007, Nr. 1, S. 49

(7) O.V., The Global Organic Textile Standard, International Association Natural Textile Industry e.V., www.global-standard.org/
aus Frankfurter Allgemeine Sonntagszeitung, 07.01.2007, Nr. 1, S. 49

(8) O.V., TW-Studie: Wer legt Wert auf Socialwear?, www.TWnetwork.de
aus Frankfurter Allgemeine Sonntagszeitung, 07.01.2007, Nr. 1, S. 49

(9) Verbraucher Initiative e.V., Textil-Label,
www.label-online.de
aus Frankfurter Allgemeine Sonntagszeitung,
07.01.2007, Nr. 1, S. 49

Impressum

Naturtextilien boomen - Immer mehr Unternehmen punkten mit Öko-Kleidung

Bibliografische Information der deutschen Nationalbibliothek

Die Deutsche Nationalbibliothek verzeichnet diese Publikation in der deutschen Nationalbibliografie; detaillierte bibliografische Daten sind im Internet über http://dnb.d-nb.de abrufbar.

ISBN: 978-3-7379-2878-6

© 2015 GBI-Genios Deutsche Wirtschaftsdatenbank GmbH, Freischützstraße 96, 81927 München, www.genios.de

Alle Rechte vorbehalten. Dieses Werk ist einschließlich aller seiner Teile – z.B. Texte, Tabellen und Grafiken - urheberrechtlich geschützt. Jede Verwertung außerhalb der Grenzen des Urheberrechtsgesetzes bedarf der vorherigen Zustimmung des Verlags. Dies gilt insbesondere auch für auszugsweise Nachdrucke, fotomechanische

Vervielfältigungen (Fotokopie/Mikroskopie), Übersetzungen, Auswertungen durch Datenbanken oder ähnliche Einrichtungen und die Einspeicherung und Verarbeitung in elektronischen Systemen.